Klang-geschichten

für den Krippen-Morgenkreis

GESCHICHTEN UND GEDICHTE
FÜR DAS GANZE KRIPPEN-JAHR

Impressum

ISBN: 978-3-96046-257-6

Klanggeschichten für den Krippen-Morgenkreis
Geschichten und Gedichte für das ganze Krippen-Jahr

Redaktion Myriam Bork
Autorin Sabrina Djogo
Gestaltung und Satz DOPPELPUNKT, Stuttgart
Druck Grafik Media Produktionsmanagement, Köln

Klett Kita GmbH
Rotebühlstr. 77
70178 Stuttgart
www.klett-kita.de

Bildnachweis

Freepik.com
S. 3, 8, 9, 10, 11, 12, 13, 14, 15 ,16, 17, 18, 19, 20, 21, 22 ,23: pikisuperstar | S. 28, 60: photographeeasia | S. 59, 60: Sketchepedia | S. 77: Rawpixel.com

GettyImages.de
S. 6: mego.picturae | S. 12: Iuliia Burmistrova | S. 15: Anagramm | S. 20: pavel_klimenko | S. 22: Frank Wagner | S. 24: melponem | S. 27: Herman Bresser | S. 44: monzenmachi | S. 47: lizfernandezg | S. 52: mlorenzphotography | S. 59: Jasenka Arbanas | S. 62: tatyana_tomsickova | S. 69: DGM007

Bildnachweis Umschlag: sot/GettyImages

Inhalt

Frühling

Sommer

Herbst

Winter

Liebe Leser:innen,

Sprache und Musik sind sehr eng miteinander verbunden! Sie ermöglichen es, dass bereits sehr kleine Kinder mit ihrer Außenwelt kommunizieren können: So können Krippenkinder oft schon bekannte Lieder mitsingen, sich sprachlich aber noch nicht in vollen Sätzen ausdrücken. Der Spaß an Klang, Rhythmik und Sprachmelodie lässt sich perfekt mit Instrumenten begleiten und verstärken – bei einigen Klanggeschichten setzen Sie als Erzähler:in die akustischen Reize, bei anderen können die Kinder selbst aktiv teilnehmen, indem sie im richtigen Moment einen Laut von sich geben oder ein Instrument spielen.

Während des Erzählens können Sie die Kinder beobachten und ihren Spracherwerbsstil erkennen: Sind sie eher plaudrig oder eher still? Jeder Stil will unterschiedlich gefördert werden! Besonders im Krippenbereich ist das mehrfache Wiederholen von einzelnen Geschichten sinnvoll. So kann eine einzige Geschichte über Wochen erzählt werden – die Kinder lieben es, wenn sie wissen, wann ihr Einsatz kommt und was in der Geschichte passiert!

Genießen Sie die Freude und den Spaß beim Erzählen, stellen Sie bei Gelegenheit Impulsfragen zu den Texten – die können bei Krippenkindern zu Beginn auch geschlossen sein – oder lassen Sie die älteren Kinder von ihren Erlebnissen erzählen. Durch das regelmäßige Erzählen und den Einsatz von Instrumenten fördern Sie gezielt das Hörverständnis und den Wortschatz der Kinder. Begeben Sie sich gemeinsam auf eine musikalische Reise durch die vier Jahreszeiten!

Viel Freude dabei wünscht Ihnen Ihre
Sabrina Djogo

- Sprachentwicklungsexpertin
- Ausgebildete Märchenerzählerin
- Pädagogin der frühen Kindheit (U3)
- Entspannungspädagogin
- Kursleitung Literaturangebote U3

Frühling

Der Klang des Regenbogens

Klanggedicht

ALTER:

ab 2 Jahren

INSTRUMENTE:

Güiro, Holzblocktrommel, Stielkastagnetten, Rassel, Glockenstab, Handtrommel

Nach Sonnenstrahlen und etwas Regen
wird es einen Bogen geben.

Der Himmel wird mit Farben malen,
kurz danach wird er erstrahlen.

Das Rot erklingt ganz wunderbar,
Güiro spielen.
danach kommt Orange, das ist doch klar!
Holzblocktrommel spielen.

Gelb darf natürlich auch nicht fehlen,
Stielkastagnetten spielen.
kann dem Grün die Show nicht stehlen.
Rassel spielen.

Das Blau ziert den Bogen wahrlich fein,
Glockenstab spielen.
zum Abschluss wird Violett zu sehen sein.
Handtrommel spielen.

Alle Farben sind über den Himmel gezogen
und klingen gemeinsam als Regenbogen.
Alle Instrumente spielen.

Auf zur Bandprobe!

Klanggeschichte

ALTER:

ab 1,5 Jahren

INSTRUMENTE:

Rasseln, Glockenstab, Handtrommel

Wir wollen gemeinsam musizieren! Zuerst müssen wir schauen, ob alle Instrumente funktionieren. Können alle Kinder mit einer Rassel rasseln?
Alle Kinder mit einer Rassel rasseln.

Sehr gut, nun hören wir uns das nächste Instrument an. Können alle Kinder mit einem Glockenstab klingeln?
Alle Kinder mit einem Glockenstab klingeln.

Sehr gut! Nun hören wir uns das nächste Instrument an. Können alle Kinder mit einer Trommel trommeln?
Alle Kinder mit einer Trommel trommeln.

Sehr gut! Nun können wir mit der Bandprobe starten. Eins, zwei, drei und los geht's!
Alle Kinder spielen ihr Instrument leise.

Oh, ich kann euch gar nicht richtig hören. Könnt ihr etwas lauter spielen?
Alle Kinder spielen etwas lauter.

Nun wird es Zeit für ein Solo! Ich möchte nur die Rasseln/Glockenstäbe/Trommeln hören.
Die Kinder spielen das entsprechende Instrument.

Unsere Band hört sich gut an! Nun wollen wir alles geben, damit uns alle hören können.
Alle Kinder spielen laut.

Vielen Dank, ein großer Applaus an die Kinderband!
Alle klatschen.

UND SO GEHT'S: Verteilen Sie die Instrumente an alle Kinder. Sie können nach Belieben auch weitere Instrumente verteilen und diese bei der Probe spielen lassen.

Wir gehen in den Zoo

Klangrätsel

ALTER:

ab 1,5 Jahren

INSTRUMENTE:

Rassel, Güiro

Wir gehen heute in den Zoo! Mal schauen, ob ihr die Tiere erraten könnt.

Welches Tier hat einen langen Hals voll mit braunen Flecken?
Rassel spielen.
Die Giraffe.
Güiro spielen.

Welches Tier hat schwarze Streifen und schleicht sich an?
Rassel spielen.
Der Tiger.
Güiro spielen.

Welches Tier hat ein großes Horn und steht oft still?
Rassel spielen.
Das Nashorn.
Güiro spielen.

Welches Tier hat einen langen Rüssel und stampft umher?
Rassel spielen.
Der Elefant.
Güiro spielen.

TIPP: Sie können als kleine Hilfestellung auch Tierbilder auf den Boden legen. Das Rätsel ist zudem beliebig erweiterbar und kann auch auf andere Tiere wie Waldtiere oder Meerestiere ausgeweitet werden.

Zauberschmatz und Zauberkuss

Klanggedicht

ALTER:

ab 1,5 Jahren

INSTRUMENTE:

Handtrommel

Ene mene kleiner Spatz,
du wirst nun groß, durch Zauberschmatz.
Mit den Fingerspitzen auf die Handtrommel tippen,
ein lautes Schmatzgeräusch machen.
Huch! Hat funktioniert, der Zauberspruch.

Ene mene schnelle Katz,
du wirst nun langsam, durch Zauberschmatz.
Mit den Fingerspitzen auf die Handtrommel tippen,
ein lautes Schmatzgeräusch machen.
Huch! Hat funktioniert, der Zauberspruch.

Ene mene kurzer Fratz,
du wirst nun lang, durch Zauberschmatz.
Mit den Fingerspitzen auf die Handtrommel tippen,
ein lautes Schmatzgeräusch machen.
Huch! Hat funktioniert, der Zauberspruch.

Ene mene Fisch im Fluss,
du schimmerst nun, durch Zauberkuss.
Mit den Fingerspitzen auf die Handtrommel tippen,
einen Kussmund machen.
Huch! Hat funktioniert, der Zauberspruch.

Ene mene dicke Nuss,
ich knack dich jetzt, durch Zauberkuss.
Mit den Fingerspitzen auf die Handtrommel tippen,
einen Kussmund machen.
Huch! Hat funktioniert, der Zauberspruch.

Mittagsschlaf

Klanggedicht

ALTER:

ab 0 Jahren

INSTRUMENTE:

Klangschale

Wir Kinder kommen jetzt zur Ruh,
machen unsere Augen zu.
Nach dem Schlafen, mit einem Lachen,
können wir wieder viel gemeinsam machen.

Klangschale anschlagen und ausklingen lassen.

Ich und du zur Mittagsruh

Klanggedicht

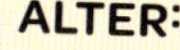

ALTER:

ab 1 Jahr

INSTRUMENTE:

Handtrommel

Pssst, ganz leise, seid ganz still,
weil ich endlich schlafen will.
Zeigefinger an den Mund halten
und leise „Pssst" sagen.

Du und du, kommt auch zu mir,
und gemeinsam schlummern wir.
Handtrommel antippen.

Ausgiebiges Gähnen, laut und lang,
ist der schönste Schlummerklang.
Gähnen.

Drum schließ ich meine Augen zu
und halte meine Mittagsruh.
Augen mit den Händen verdecken.

Ich atme ein und merk es kaum,
schon habe ich den schönsten Traum.
Handtrommel leicht mit der
Handfläche streichen.

Ein Tag am Teich

Klanggeschichte

ALTER:

ab 2 Jahren

INSTRUMENTE:

Zeitungspapier, mit Wasser gefüllte Schale, Lockpfeife, 1 walnussgroßer Stein, Xylofon

Noch ist es sehr ruhig am Teich. Der Wind streicht durch die umliegenden Gräser und weckt die Teichbewohner auf.
Das Zeitungspapier aneinanderreiben.

Eine Ente erwacht und watschelt über die Wiese zum Teich. Mit einem lauten Platsch springt sie in das Wasser hinein.
Mit der flachen Hand auf die Wasseroberfläche schlagen.

Bei ihrer morgendlichen Schwimmrunde singt sie ein fröhliches Lied.
Die Lockpfeife spielen.

Es dauert nicht lange und sie kommt endlich am großen Stein vorbei. Dieser befindet sich mitten im Teich und ist das Zuhause vom grünen Frosch.
Mit den Fingerspitzen auf die Wasseroberfläche tippen.

Als der Frosch die Ente erblickt, springt er freudig ins Wasser und schwimmt auf sie zu.
Den Stein in die Wasserschale plumpsen lassen.

Gemeinsam schwimmen sie nun ihre Runden im Teich und lauschen den Libellen, die über ihnen hin und her fliegen.
Das Xylofon auf und ab streichen.

Das Storchenpaar

Klanggeschichte

ALTER:

ab 1,5 Jahren

INSTRUMENTE:

Holzblocktrommel,
Stielkastagnetten

Das Storchenpaar fliegt gemeinsam durch die Luft.
Dabei klappern die Störche fröhlich mit ihren Schnäbeln – könnt ihr sie klappern hören?
Stielkastagnetten spielen.

Sie fliegen hoch und wieder runter.
Stielkastagnetten spielen und dabei auf und ab bewegen.

Sie fliegen hin und her.
Stielkastagnetten spielen und dabei hin und her bewegen.

Sie fliegen einen Looping
Stielkastagnetten spielen und damit einen Kreis in der Luft malen.

und landen auf dem Po!
Holzblocktrommel spielen.

Die kleine Fledermaus möchte schlafen gehen

Klanggedicht

ALTER:

ab 2 Jahren

INSTRUMENTE:

Glöckchen, Trommel, Klangstäbe

Die kleine Fledermaus ist müde, ach!
Kraftlos fliegt sie durch die Nacht, ist kaum noch wach.
Glöckchen langsam spielen.

Sie schüttelt ihre Flügel aus, fliegt um die Eibe,
sucht für die Nacht eine Bleibe.
Glöckchen spielen.

Sie wittert, sie lauscht, fliegt tonlos umher,
erblickt eine Felsspalte und freut sich sehr.
Klangstäbe spielen.

Juhu, ein Plätzchen im kühlen Felsen ist prima,
die halten den Wind ab und schützen vor dem Klima.
Trommel spielen.

Die kleine Fledermaus fliegt zielsicher in die Felsspalte hinein,
hängt sich kopfüber auf und schläft ein.
Glöckchen spielen.

Die Krokusse

Klanggedicht

ALTER:

ab 1,5 Jahren

INSTRUMENTE:

Triangel

Guck mal, da leuchten Krokusse so schön!
Wie herrlich sind sie anzuseh'n.
Triangel spielen.

Kannst du sie riechen?
Ihren Duft mag ich gern.
Triangel langsam spielen.
Manche wachsen nah,
manche wachsen fern.
Triangel leise spielen.

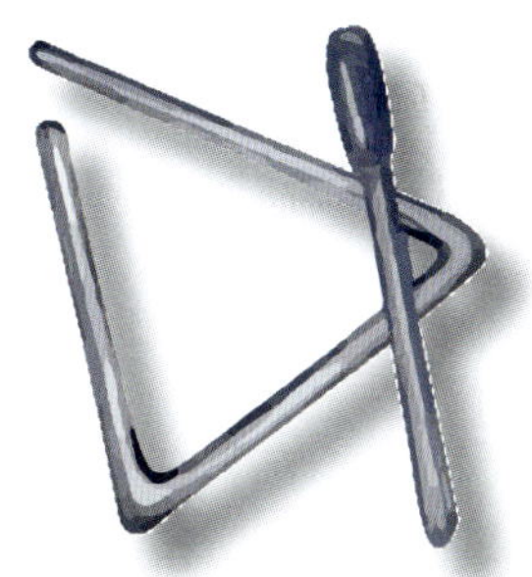

Um sie genau zu betrachten,
musst du dich bücken.
Triangel laut spielen.
Ihre Farben können jede
Wiese schmücken.
Triangel spielen.

Ein Frühlingstag

Klanggeschichte

ALTER:

ab 2 Jahren

INSTRUMENTE:

Rahmentrommel, Glockenspiel, Triangel, Xylofon, Klanghölzer, Zeitungspapier, Fingerzimbeln

Es ist ein kalter sonniger Tag im Frühling. Der Himmel ist wolkenlos blau und die Sonne erwärmt den Boden. Wir gehen raus in den Garten, setzen uns auf die Wiese neben den Teich, atmen die frische kalte Luft und lauschen den Insekten. Der Wind weht ganz leise über die Wiese und bringt die Grashalme zum Tanzen.
Rahmentrommel spielen.

Mehrere Schmetterlinge flattern durch die Luft. Sie schweben hin und her und fliegen von Blüte zu Blüte. Es sieht aus, als würden sie von jeder Blüte nur ganz wenig Nektar probieren.
Glockenspiel spielen.

Eine Wildbiene kehrt von ihrem Rundflug im Garten zurück und sucht im schweren Erdhaufen das Eingangsloch in ihre Höhle.
Triangel spielen.

Am Teich finden alle Insekten reichlich Futter und Wasser, deshalb kommen sie mehrfach am Tag zum Verweilen vorbei.
Xylofon spielen.

Vor unseren Füßen entdecken wir ein wuseliges Treiben. Hunderte von Ameisen sind auf ihren eigenen kleinen Straßen unterwegs und sammeln emsig Futter für ihre Brut.
Klanghölzer spielen.

Eine Gruppe von Feuerwanzen krabbelt gemeinsam einen Stein empor. Dabei nehmen sie sich gegenseitig huckepack und rutschen auf der anderen Seite wieder lachend herunter.
Zeitungspapier aneinanderreiben.

Plopp, plopp, plopp, ein paar Regentropfen fallen vom Himmel herab und sorgen dafür, dass sich alle Insekten in ihren Höhlen oder unter großen Blättern in Sicherheit bringen.
Fingerzimbeln spielen.

Bunte Ostereier im Körbchen

Klanggedicht

ALTER:

ab 2,5 Jahren

INSTRUMENTE:

Ratsche, Metallofon,
Holzblocktrommel, Triangel

Liebe Kinder, bald ist es so weit,
es naht die fröhliche Osterzeit.
Lasst mich euch etwas über Ostern erzählen,
denn etwas Wichtiges darf bei diesem Fest
nicht fehlen!

Bunt bemalte Eier, so weit das Auge reicht,
keines von ihnen sich im Aussehen gleicht.
Jedes Ei, ob groß, ob klein,
möchte in den Osterkorb hinein.

Zuerst die strahlend roten Eier,
bemalt mit Blüten aller Sorten
und beklebt mit bunten Borten,
legen wir in das Körbchen für die Feier.
Ratsche spielen.

Es folgen nun die blauen Eier,
bedruckt mit Punkten aller Farben,
das können sie sehr gut tragen,
die legen wir in das Körbchen für die Feier.
Metallofon spielen.

Dann kommen auch schon die gelben Eier,
beklebt mit schimmerndem Papier,
für jedes Auge eine wahre Zier,
die legen wir in das Körbchen für die Feier.
Holzblocktrommel spielen.

Zu guter Letzt folgen noch die grünen Eier,
sie erstrahlen mit Farbspritzer
und einer guten Portion Glitzer,
die legen wir in das Körbchen für die Feier.
Triangel spielen.

Jedes Ei, ob groß, ob klein,
möchte in den Osterkorb hinein.
Alle Instrumente spielen.

Das Feuerwanzenkonzert

Körperklanggeschichte

ALTER:

ab 2 Jahren

Eines sonnigen Tages krabbeln viele Feuerwanzen aus ihren Verstecken hervor.
Mit den Fingerspitzen auf den Oberschenkeln trommeln.

Gewärmt von der Sonne, beginnt jede Feuerwanze für sich ganz leise, ihre eigene Melodie zu summen.
Leise summen.

Je wärmer es wird, desto lauter wird die Melodie jeder einzelnen Feuerwanze.
Laut summen.

Nun verstummt die Gruppe, um nacheinander der Melodie eines jeden einzelnen Käfers zu lauschen.
Jedes Kind darf einmal summen.

Gegen Abend singen und summen sie gemeinsam ihr wundervolles Lied.
Gemeinsam summen.

Nach diesem wahrlich glücklichen Tag krabbelt jede Feuerwanze in ihr Versteck zurück und schläft ein.
Mit den Fingerspitzen auf den Oberschenkeln trommeln.

Schneckenrennen

Klanggeschichte

ALTER:

ab 2,5 Jahren

INSTRUMENTE:

Trommel, Triangel, Rasseleier, Flöte

Eines schönen Tages treffen sich die Kinder auf der Wiese im Park. Jedes Kind hält behutsam eine Rennschnecke in seinen Händen.

Auf einem Schneckenhaus ist eine **Trommel** abgebildet, auf einem anderen Schneckenhaus eine **Triangel**. Eines schmückt ein **Rasselei** und auf dem nächsten ist eine **Flöte** abgebildet.

Jede Rennschnecke hat ihr eigenes Instrument und liebt dessen Klang so sehr, dass sie schneller kriecht, sobald sie dessen Geräusch hört.

Jedes Kind stellt seine Schnecke an die Startlinie und bringt sein Instrument auf Position. Es herrscht eine aufgeregte Stille voller Vorfreude auf das bevorstehende Ereignis und dann ist es endlich so weit, der Schiedsrichter beginnt runterzuzählen …
3, 2, 1, los!

Jedes Kind beginnt mit dem Spielen seines Instrumentes, wir hören **Trommelwirbel**, den zarten Klang einer **Triangel**, das raschelnde **Rasselei** und den unverwechselbaren Klang der **Flöte**. Auch weitere Instrumente sind zu hören und jede Schnecke scheint nur ihr Instrument wahrzunehmen.

Alle Kinder spielen ihr Instrument langsam und leise, werden aufgeregt lauter, bis sie schließlich ihre Schnecken kurz vor dem Zieleinlauf lautstark anfeuern. Was für ein wunderbarer Tag! Alle Instrumente verstummen, als auch die letzte Schnecke die Ziel-Linie überquert hat.

UND SO GEHT'S: Verteilen Sie die Instrumente an die Kinder – je nach Verfügung können Sie sie auch austauschen und den Text dementsprechend anpassen. Lesen Sie den Text vor und geben Sie den Kindern an den passenden Stellen etwas Zeit, damit sie ihr Instrument spielen können.

Bienen auf der Blumenwiese

Klanggedicht

ALTER:

ab 2 Jahren

INSTRUMENTE:

Güiro, Holzklangstäbe

Summm, summm, summm, die Bienen fliegen,
durch die Blumenwiese sie sich wiegen.
Das Güiro leise spielen.

Mit sanften Flügeln im Sonnenschein,
ein buntes Treiben, so fein, so fein.
Das Güiro lauter spielen.

Summm, summm, summm, sie sammeln Nektar,
von Blüte zu Blüte überfliegen sie viele Hektar.
Das Güiro spielen.

Ein fröhlicher Tanz, ein summendes Lied,
die kleinen Beinchen voller Pollenabrieb.
Das Güiro schneller spielen.

Klong, klong, klong, der Holzstab erklingt,
in Einklang mit den Bienen, die emsig sind.
Die Klanghölzer spielen.

Mit klaren Klängen begleiten wir ihren Tanz
und schauen in lächelnde Gesichter voller Glanz.
Die Klanghölzer schneller spielen.

Bäume im Frühling

Körperklanggedicht

ALTER:

ab 1,5 Jahren

Der Wind weht durch die Baumkronen.
Der Frühling, der Frühling, der Frühling kommt bald.

Pusten.

Schaut nur die Bäume, übersät mit grünen Blätterspitzen,
überall sieht man sie am Ast aufblitzen.

Klatschen.

Es dauert nicht lange und wir sehen einen zartgrünen Baum,
sein Anblick ist ein wahrer Traum.

Auf die Oberschenkel patschen.

Sommer

Auf der Sommerwiese

Klanggeschichte

ALTER:

ab 2,5 Jahren

INSTRUMENTE:

Xylofon, Glockenspiel, Handtrommel, Fingerzimbel, Stielkastagnetten

Auf der großen Wiese ist viel los. Alle Blumen stehen in voller Blüte und strecken sich der Sonne entgegen. Jede von ihnen möchte von den Tieren der Wiese besucht werden. Wenn wir leise sind und lauschen, können wir sie vielleicht schon hören. Der Wind weht zart durch die Sommerwiese und lässt die Blumen tanzen.
Das Xylofon rauf und runter streichen.

In der Ferne hört man einen Schmetterling. Er tanzt ebenfalls mit dem Wind und hat sich von hoch oben schon eine Blume ausgesucht, die er besuchen möchte.
Das Glockenspiel leise spielen und langsam lauter werden.

Auf dem Boden, geschützt vor der Sommersonne, krabbelt ein Käfer. Hier unten merkt er nichts von dem Wind und sucht sich einen Blumenstängel aus, an dem er prompt hinaufkrabbelt.
Die Handtrommel mit den Fingerspitzen kraulen.

Aus der anderen Richtung hört man ein leichtes Rascheln. Eine Schnecke kriecht langsam und gemütlich einen dicken Grashalm hinauf. Sie schläft heute oben auf dem Halm und möchte die richtige Stelle für ihr Schneckenhaus finden.
Die Handtrommel langsam reiben.

Eine Hummel fliegt von Blüte zu Blüte. Sie ist so viel schneller als die Schnecke und verweilt immer nur kurz auf jeder Blume. Am liebsten würde sie jede einzelne von ihnen besuchen.
Die Fingerzimbeln spielen.

Plötzlich ertönt ein lautes Geräusch! Auch der Frosch möchte eine der Blumen besuchen. Dort findet er immer die besten Leckereien für seinen Mittagssnack.
Die Stielkastagnetten spielen.

Fröhlicher Froschgesang

Klanggedicht

Ein Frosch, der sitzt auf einem Stein
im kleinen Teich im Sonnenschein.

Der Frosch, der wohnt hier nicht allein,
unter der großen lila Lilie
wohnt der Rest seiner Familie.

ALTER:

ab 2 Jahren

INSTRUMENTE:

2 Einmachglasdeckel
(für jedes Kind)

Die Frösche können nicht nur springen,
sondern auch gemeinsam singen.
Die Frösche quaken die schönsten Lieder
und wippen dabei auf und nieder.

Sie singen mal leise, sind kaum zu hören,
dann beginnen sie lauthals zu röhren.
Gemeinsam musizieren ist so toll,
das macht das Leben im Teich wundervoll.

UND SO GEHT'S: Jedes Kind bekommt zwei Deckel von Einmachgläsern. Diese können die Kinder dann während des Gedichts aneinanderschlagen.

Heute gibt es Obstsalat!

Klanggeschichte

ALTER:

ab 3 Jahren

INSTRUMENTE:

Xylofon

Heute ist es so warm, da wollen wir einen leckeren Obstsalat machen.

Dafür brauchen wir **eine** große Schüssel und Obst.

Wir schneiden **zwei** reife Mangos in Würfel und geben sie in die Schüssel.

Anschließend schneiden wir **drei** grüne Äpfel in dünne Spalten und geben sie zu den **zwei** Mangos in die Schüssel.

Nun schneiden wir **vier** pralle Pfirsiche und geben sie zu den **drei** Äpfeln und den **zwei** Mangos in die Schüssel.

Zum Schluss halbieren wir noch **fünf** knackige Trauben und geben sie zu den **vier** Pfirsichen, den **drei** Äpfeln und den **zwei** Mangos in die Schüssel.

Fertig ist unser köstlicher Obstsalat!

UND SO GEHT'S: Setzen Sie sich gemeinsam mit den Kindern in einen Kreis. Lesen Sie die Geschichte vor und schlagen Sie bei den Zahlen in der entsprechenden Anzahl das Xylofon an.

Katzenfrühstück

Körperklanggeschichte

ALTER:

ab 2 Jahren

Auf einem Bauernhof leben ganz viele verschiedene Tiere. Direkt neben dem Haus, im Blumenbeet der Bäuerin, lebt eine Katze mit ihren drei Kitten. Früh morgens, wenn die Katze aufsteht, kommt sie zur Tür der Bäuerin und mauzt.
Miauen.

Sie hat Hunger und möchte etwas zu essen haben. Sie läuft um die Beine der Bäuerin und schnurrt.
Schnurren.

Dann beginnt die Katze zu essen.
Schmatzen.

Sie ruft mit einem lauten „Miau!" ihre Kitten zu sich.
Miauen.

Die drei Kitten kommen tapsig zur Mutter angelaufen.
Mit den Händen auf die Oberschenkel klopfen.

Sogleich beginnen die Kleinen, aus dem Napf Milch zu trinken.
Schlürfen.

Als die Katze und ihre Kitten satt sind, schleichen sie gemeinsam zurück ins Blumenbeet.
Mit den Fingern auf den Boden tippen.

Und kuscheln sich zum Mittagsschlaf zusammen.
Schnarchen.

Leckere Wassermelone

Klanggeschichte

ALTER:

ab 1,5 Jahren

INSTRUMENTE:

Glockenkranz

Eine Wassermelone, grün und rund, ist die perfekte Erfrischung an heißen Sommertagen.
Glockenkranz spielen.

Das Fruchtfleisch leuchtet rot und glitzert in der Sonne.
Glockenkranz laut spielen.

Ihr süßer Duft verbreitet sich in der ganzen Umgebung.
Glockenkranz leiser spielen.

Ich beiße ein Stück ab, kaue und kaue.
Glockenkranz laut und leiser spielen.

Plötzlich bemerke ich etwas Festes im Mund – ein, zwei, drei Melonenkerne haben sich in meinen Mund verirrt.
Bei den Zahlen den Glockenkranz einmal schlagen.

Aber die Kerne machen mir nichts aus, ich spuck sie ganz vorsichtig aus.
Glockenkranz nach unten haltend spielen.

Dann beiße ich genüsslich das nächste Stück meiner Melone ab.
Glockenkranz nach oben haltend spielen.

Die Wassermelone, so saftig, süß und lecker, ist für jedes Kind ein Leckerschmecker.
Glockenkranz spielen.

Der kleine Pfau möchte schlafen gehen

Klanggedicht

ALTER:

ab 1,5 Jahren

INSTRUMENTE:

Glöckchen, Trommel, Klangstäbe

Der kleine Pfau ist müde, ach!
Ganz kraftlos sitzt er auf der Wiese, ist kaum noch wach.
Glöckchen langsam spielen.

Er schlägt ein Rad und rafft sich auf,
sucht einen Baum, die gibt es hier zuhauf.
Glöckchen spielen.

Er stolziert, schaut hin und her,
geht lautlos auf der Wiese umher.
Er entdeckt einen Baum und freut sich sehr.
Klangstäbe spielen.

„Juhu, ein dicker Ast, Laub für Schatten und eine Aussicht,
hier kann ich schlafen und sehe das Sonnenlicht."
Trommel spielen.

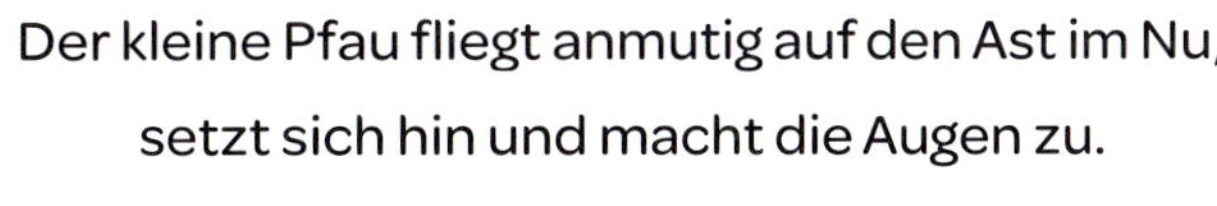

Der kleine Pfau fliegt anmutig auf den Ast im Nu,
setzt sich hin und macht die Augen zu.
Glöckchen spielen.

Auf dem Wasserspielplatz ist was los!

Klanggeschichte

ALTER:

ab 2 Jahren

INSTRUMENTE:

1 Eimer und 1 Löffel (für jedes Kind)

Heute ist ein wundervoller warmer Sommertag. Der Himmel ist blau und die Sonne scheint.
Leicht mit dem Löffel über den Eimerboden streichen.

Jedes Kind sucht sich ein Partnerkind und wir gehen gemeinsam zum großen Wasserspielplatz.
Behutsam mit dem Löffel auf den Eimer schlagen.

Am Wasserspielplatz angekommen, bewegen wir sogleich den Hebel der Wasserpumpe auf und ab. Erst tropft es ganz leicht und unregelmäßig.
Leicht mit dem Löffel auf den Eimer schlagen.

Dann kommen die Wassertropfen immer schneller aus der Pumpe.
Mit dem Löffel lauter auf den Eimer trommeln.

Jetzt kommen so viele Tropfen heraus, dass es schon ein richtiger Wasserstrahl ist.
Mit dem Löffel schnell auf den Eimer trommeln.

Das Wasser ergießt sich in den Wasserlauf und sucht sich den Weg zum großen Becken, wo alle Kinder schon ganz gespannt warten.
Mit dem Löffel auf den Eimer schlagen.

Die Kinder spielen gemeinsam am großen Becken. Plötzlich sind wieder laute Wassertropfen zu hören! Das Wasser tropft vom Becken in den Sandkasten.
Mit dem Löffel leicht auf den Eimer schlagen.

Das Becken wird immer leerer und die Tropfen Richtung Sandkasten immer leiser, bis sie komplett verstummen.
Behutsam mit dem Löffel auf den Eimer schlagen.

Zum Abschied eine Rassel!

Klanggedicht

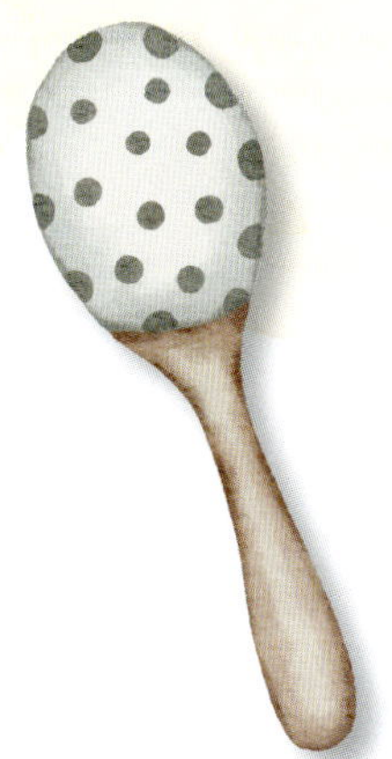

ALTER:

ab 2 Jahren

INSTRUMENTE:

Rasseln

Heute ist der Tag gekommen
und es wird Abschied genommen.
Jubeln.

Du bist nun groß und nicht mehr klein,
wirst nicht länger ein Krippenkind sein.
Leise rasseln.

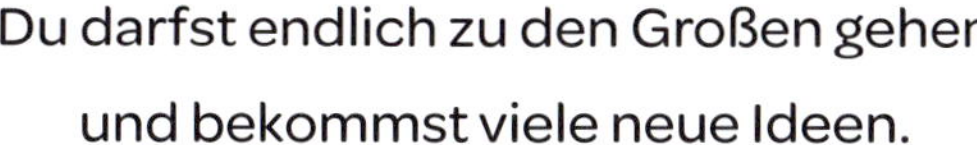

Du darfst endlich zu den Großen gehen
und bekommst viele neue Ideen.
Laut rasseln.

Auch neue Freunde warten schon auf dich,
bei all dem Spaß: Vergiss uns nicht!
Schnell rasseln.

Wir werden dich, das wirst du bestimmt schon wissen,
ganz schön doll bei uns vermissen.
Winken.

Heißluftballon

Klanggedicht

ALTER:

ab 1,5 Jahren

INSTRUMENTE:

Trommel, Klangschale

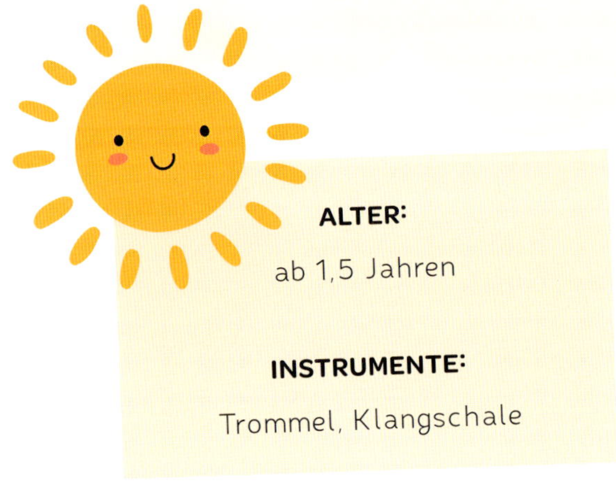

Schaut mal, da schwebt
ein Heißluftballon in der Luft,
ist der groß!
Trommel spielen.
Fliegt ganz sanft mit jedem Windstoß.
Klangschale spielen.

Kommt, wir pusten den Heißluftballon sachte hin und her.
Pusten.
Das gefällt den Leuten im Korb sicher sehr.
Klatschen.

Von dort oben kann man Berge und Flüsse erblicken
und den Blick weit über die Landschaft schicken.
Klangschale spielen.

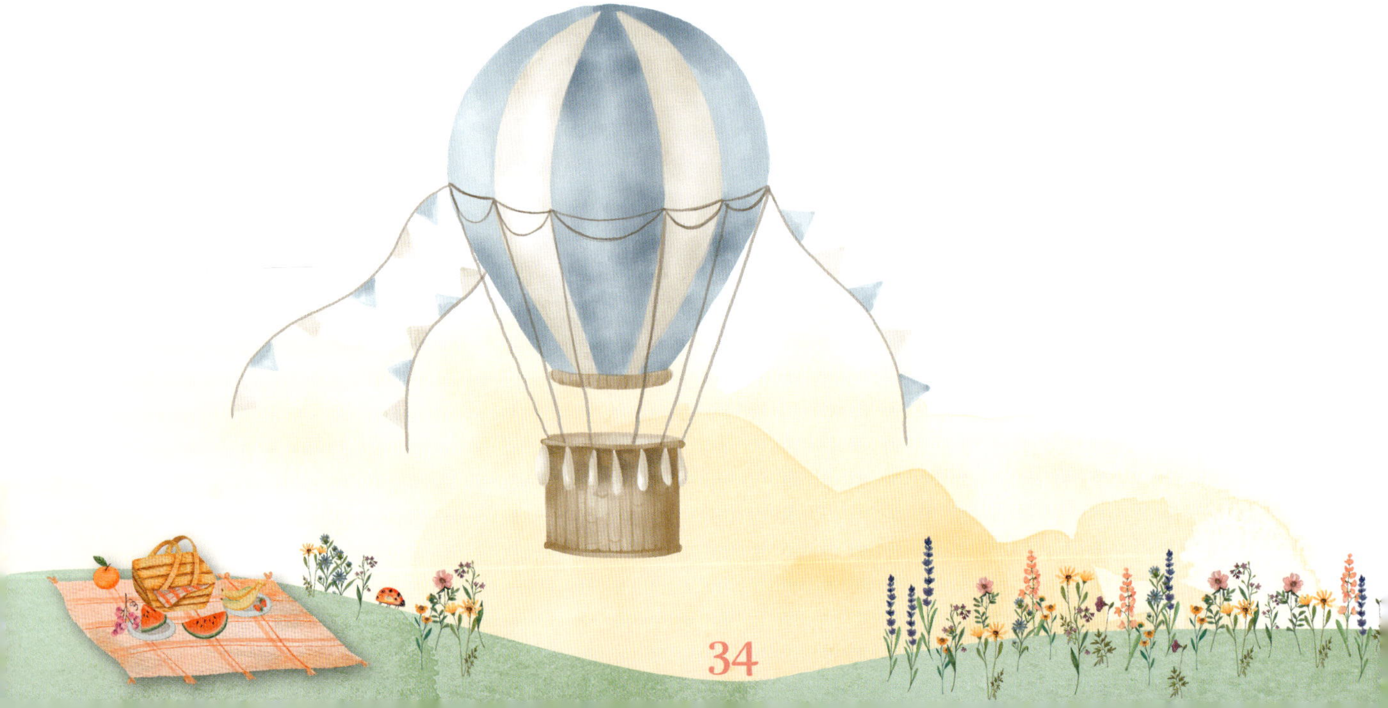

Der schimmernde Rosenkäfer

Körperklanggedicht

ALTER:

ab 2 Jahren

Auf einem großen grünen Blatt
hats sich ein Rosenkäfer gemütlich gemacht.
Finger leicht auf den Boden tippen.

Sein Panzer glitzert voller Wonne
in der strahlenden Mittagssonne.
Finger fester auf den Boden tippen.

Er schimmert in Grün und Braun,
da kann man sich nicht satt dran schau'n.
Mit den Händen auf die Oberschenkel patschen.

Doch nach einiger Zeit hat er genug
und macht sich bereit für den Abflug.
Mit der flachen Hand auf den Boden patschen.

Er breitet seine Flügel aus,
ein lautes Brummen, dann fliegt er in die Welt hinaus.
Brummen und pfeifen.

Kunterbunter Blumengarten

Klanggedicht

ALTER:

ab 2,5 Jahren

INSTRUMENTE:

Rahmentrommel, Glockenspiel, Triangel, Metallofon, Rassel, Klangstäbe

Hier in meinem Garten ist es kunterbunt,
hier wachsen bunte Blumen, klein, groß und rund.

Die erste Blume ist riesig, gelb und groß,
ihre Blüten leuchten und flattern bei jedem Windstoß.
(Sonnenblume)
Rahmentrommel spielen.

Die zweite Blume ist rosa, rot und fein,
ihre schönen Blüten schimmern im Sonnenschein.
(Sommeraster)
Glockenspiel spielen.

Die dritte Blume ist dunkel wie die Nacht,
ist kräftig schwarz und eine wahre Pracht.
(Akelei)
Triangel spielen.

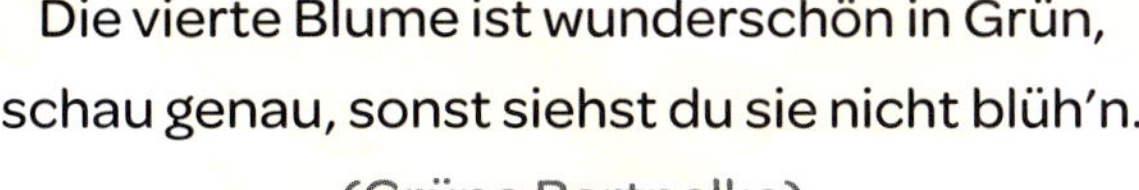

Die vierte Blume ist wunderschön in Grün,
schau genau, sonst siehst du sie nicht blüh'n.
(Grüne Bartnelke)
Metallofon spielen.

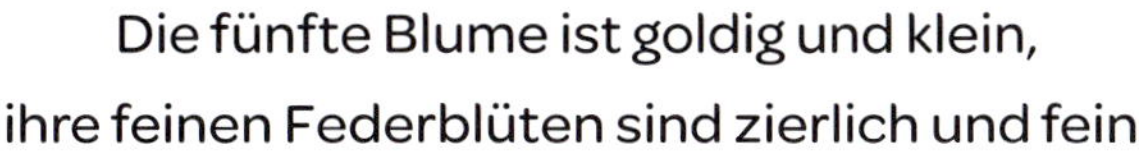

Die fünfte Blume ist goldig und klein,
ihre feinen Federblüten sind zierlich und fein.
(Teddysonnenblume)
Rassel spielen.

Die sechste Blume ist majestätisch weiß
und glitzert in der Sonne wie gefrorenes Eis.
(Allium)
Klangstäbe spielen.

Hier in meinem Garten ist es kunterbunt,
hier wachsen bunte Blumen, klein, groß und rund.

TIPP: Veranschaulichen Sie die verschiedenen Blumenarten durch Bilder und lassen Sie die Kinder bei jeder Strophe raten, welche Blume gemeint ist.

Der kleine Sonnenstrahl Sören

Klanggeschichte

ALTER:

ab 2,5 Jahren

INSTRUMENTE:

Schellenkranz, Klanghölzer, Trommel, Klangschale, Rassel

Es war einmal ein kleiner Sonnenstrahl namens Sören, der jeden Tag aufwachte und sich auf den Weg zur Erde machte, um den Menschen Freude zu bringen.
Schellenkranz spielen.

Eines Tages beschloss Sören, dass er nicht mehr allein zur Erde reisen wollte, und suchte nach einer Band, die ihn begleiten sollte, um den Menschen noch mehr Freude zu bringen. Also begab sich der kleine Sonnenstrahl auf die Suche. In der Ferne hörte er das leise Schlagen von Klanghölzern.
Klanghölzer leise schlagen.

Sören folgte dem Klang und das Schlagen wurde immer lauter, bis er auf Kilian traf.
Klanghölzer lauter schlagen.

Kilian liebte das Reisen und mochte Sören gerne begleiten, also reisten sie gemeinsam weiter.
Schellenkranz spielen.

Nach einiger Zeit hörten die beiden ein leises Trommeln in der Ferne.
Trommel leise spielen.

Sören und Kilian folgten dem Klang und das Trommeln wurde immer lauter, bis sie auf Tamara trafen.
Trommel lauter spielen.

Tamara liebte das Reisen und mochte Sören und Kilian sehr gerne begleiten, also reisten sie zu dritt weiter.
Schellenkranz spielen.

Ein wenig später hörten sie einen zauberhaften Klang.
Klangschale leise spielen.

Sören, Kilian und Tamara folgten dem Klang und das Schwingen wurde immer durchdringender, bis sie auf Kim trafen.
Klangschale lauter spielen.

Kim liebte das Reisen und mochte Sören, Kilian und Tamara sehr gerne begleiten, also reisten sie zusammen weiter.
Schellenkranz spielen.

Nach einiger Zeit vernahmen die vier ein leises Rasseln in der Ferne.
Rassel leise spielen.

Sören, Kilian, Tamara und Kim folgten gespannt dem Klang der Rassel, bis sie auf Robin trafen.
Rassel lauter spielen.

Robin liebte das Reisen und mochte Sören, Kilian, Tamara und Kim sehr gerne begleiten, also reisten sie zusammen weiter.
Schellenkranz spielen.

Von diesem Tag an reisten Sören und seine Band jeden Tag gemeinsam zur Erde, um den Menschen Freude zu bringen. Sie spielten ihre Musik und Sören strahlte so hell, dass die Menschen immer nach oben blickten und freudig lächelten.

Die Nacht der Glühwürmchen

Klanggedicht

ALTER:

ab 2 Jahren

INSTRUMENTE:

Rasseln

Mitten im Wald am Wegesrande
lebt eine große Glühwürmchenbande.
Ganz leise rasseln und summen.

An so einem lauen Sommerabend wie heute
summen große und kleine Leute.
Lauter rasseln und summen.

Die Glühwürmchen fliegen dicht an dicht,
je dunkler es wird, desto heller leuchtet ihr Licht.
Länger und lauter rasseln und summen.

Sie fliegen mal langsam, sie fliegen mal schnell,
dabei leuchtet ihr Popo mal dunkler und mal hell.
Langsame und ruckartige Bewegungen mit der Rassel machen.

Doch schlägt es Mitternacht und der Himmel färbt sich dunkelblau,
erlischt das Leuchten, schau nur, schau!
Leiser rasseln und summen.

Die Glühwürmchen wollen nicht mehr fliegen
und viel lieber in ihren Bettchen liegen.
Noch leiser rasseln und summen.

So krabbeln sie das Innere des Busches entlang,
bis jeder an einem sicheren Ort schlafen kann.
Ganz leise rasseln und summen.

Kurz darauf kehrt die Ruhe ein,
alle schlafen, Groß und Klein.
Den Text flüstern und gemeinsam der Stille lauschen.

Die Blumen des Sommers

Klanggedicht

ALTER:

ab 2,5 Jahren

INSTRUMENTE:

Rahmentrommel, Glockenspiel, Triangel, Metallofon

Eine Blumenwiese – voller Farben, voller Leben und voller Pracht,
wir schauen sie uns an, bevor sich die Knospen schließen für die Nacht.

Das Gänseblümchen – so zierlich, so klein und weiß,
erstrahlt zwischen dem Grün, selbst wenn die Sonne ist ganz heiß.
Rahmentrommel spielen.

Die imposanten Sonnenblumen sind wahrlich riesig und leuchtend gelb,
sie erstrahlen zu Tausenden im großen Sonnenblumenfeld.
Glockenspiel spielen.

Das Löwenmäulchen kommt in den buntesten Farben daher,
jeder Stängel ist voller Blüten, süßlich duftend und schwer.
Triangel spielen.

Die allerkleinsten Blüten trägt das Vergissmeinnicht in Rosa, Weiß und Blau,
morgens in der Früh glitzert es vom Tau.
Metallofon spielen.

Der kleine Marienkäfer

Klanggedicht

ALTER:

ab 1,5 Jahren

INSTRUMENTE:

Güiro, Schellenkranz, Glöckchen, Klangstäbe, Klangschale

Der kleine Käfer frisst und frisst,
bis er groß und etwas orange geworden ist.
Güiro spielen.

Er baut sich ein festes Haus
und schläft sich dort richtig aus.
Schellenkranz spielen.

Dann wird er wach und ist nicht länger ein Schläfer,
heraus kommt ein wunderschöner Marienkäfer.
Glöckchen spielen.

Er erstrahlt in einer roten Tracht,
mit schwarzen Pünktchen, eine wahre Pracht.
Klangstäbe spielen.

Nun krabbelt er bis ganz oben zur Spitze und breitet seine Flügel aus,
mit einem leisen Summen fliegt er in die Welt hinaus.
Klangschale spielen.

Bäume im Sommer

Körperklanggedicht

ALTER:

ab 2 Jahren

Der warme Wind weht durch die Baumkronen.
Der Sommer, der Sommer, der Sommer kommt bald.

Pusten.

Schau nur die Bäume, übersät mit sattem Grün und Blütenspitzen,
überall sieht man sie duftend am Ast aufblitzen.

Klatschen.

Es dauert nicht lange und wir sehen einen blühenden Baum,
sein Anblick ist ein wahrer Traum.

Auf die Oberschenkel patschen.

Herbst

Ein Korb voller Nüsse

Klangrätsel

ALTER:

ab 2 Jahren

INSTRUMENTE:

Walnüsse, 1 Wanne

Einen Korb voll Nüsse habe ich hier,
wie viele Nüsse fallen, erraten wir.

Drum schließt eure Augen zu
und hört mit euren Ohren zu!

(Zahl) Nüsse, das ist eine ganze Menge
und die machen schöne Klänge.

UND SO GEHT'S: Setzen Sie sich mit den Kindern in einen Kreis. Stellen Sie die Wanne vor sich und sprechen Sie den Reim. Die Kinder schließen an der entsprechenden Textstelle die Augen und Sie lassen die gewünschte Anzahl von Nüssen nacheinander und mit genug Abstand in die Wanne fallen. Den Zahlenraum können Sie ihrer Gruppe individuell anpassen und gemeinsam mit den Kindern laut zählen. Benennen Sie die Zahl in der letzten Strophe.

Erntedankfest

Klanggedicht

ALTER:

ab 2 Jahren

INSTRUMENTE:

Güiro, Holzblocktrommel, Stielkastagnetten, Rasseln, Glockenstab, Handtrommel

Zum Erntedankfest wird geladen,
denn gemeinsam wollen wir Danke sagen.

Für Kartoffel, dick und braun,
Güiro spielen.
der Kürbis wächst am Gartenzaun.
Holzblocktrommel spielen.

Auch der Apfel gehört dazu,
Stielkastagnetten spielen.
wird mit der Birne verspeist im Nu.
Rassel spielen.

So sehr der Kohl auch wird geschätzt,
Glockenstab spielen.
das wichtige Korn, das folgt zuletzt.
Handtrommel spielen.

Und nun lasst uns gemeinsam essen
zu solch schönen Anlässen.

Gemüse und Obst für jedermann,
so viel ein jeder essen kann.

Der Klang des Regens

Körperklanggedicht

ALTER:

ab 2,5 Jahren

Sind die Wolken grau und voll,
kommt der Regen, das ist toll.
Mit der flachen Hand über den Tisch streichen.

Ganz leise fängt er zu tropfen an,
Die Finger einzeln auf den Tisch trommeln.
bis man ihn immer besser hören kann.
Die Finger schnell auf den Tisch trommeln.

Es platscht und spritzt, wird immer nasser,
Mit der flachen Hand auf den Tisch patschen.
im Sandkasteneimer sammelt sich Wasser.
Mit den Händen eine Wanne formen.

Jetzt kommt der Regen so richtig in Fahrt,
Die Finger schnell auf den Tisch trommeln.
und schon wird er leiser und zart.
Die Finger langsamer auf den Tisch trommeln.

Bald ist er völlig stumm
und der Regenschauer ist rum.
Mit der flachen Hand auf die Oberschenkel patschen.

Die kleine Haselnuss möchte größer sein

Klanggedicht

ALTER:

ab 2 Jahren

INSTRUMENTE:

Handtrommel, Glockenstab

Die Haselnuss, so zart und klein,
möchte gerne größer sein.
Mit den Fingerspitzen auf
die Handtrommel tippen.

Sie rollt geschickt hin und her,
das fällt der kleinen Nuss nicht schwer.
Mit der Handfläche über
die Handtrommel streichen.

Mit Anlauf rollt sie in ihr Versteck hinein
und flüstert leise:
„Ich möchte doch nur größer sein!"
Mit der Handfläche über
die Handtrommel streichen.

Nun hört man plötzlich keinen Ton,
aber was passiert da schon?
Hände fragend heben.

Im Versteck bewegt sich was,
da macht es vor dem Eingang Rast –
ob es noch durch die Öffnung passt?
Mit den Fingerspitzen schnell auf
die Handtrommel tippen.

Oh, die Nuss, sie ist nun groß,
rollt direkt auf deinen Schoß.
Glockenstab spielen.

Welchen Ton macht der Ball?

Klanggeschichte

ALTER:

ab 2,5 Jahren

INSTRUMENTE:

Rassel, Glockenstab, Klangstäbe, 1 Korb mit unterschiedlichen Bällen

In einem riesigen Korb aus Stroh liegen ganz viele unterschiedliche Bälle. Einige Bälle sind klein, andere sind groß. Manche Bälle haben sogar kleine weiche Stacheln, andere sind so weich, dass man sie ganz leicht zusammendrücken kann. Ein paar der Bälle sind rot, andere wiederum sind grün – dort drüben sieht man auch gelbe und blaue Bälle!
Den Korb mit den Bällen hinstellen und die Bälle darin hochhalten und betrachten.

Das Besondere an den Bällen ist jedoch nicht ihre Größe, Form oder Farbe, nein! Es sind die Klänge, die die Bälle machen!
Den Korb mit den Bällen hin und her schütteln.

Das hier ist ein Rasselball.
Mit der Rassel rasseln.

Der nächste Ball ist winzig klein, das muss auf jeden Fall ein Glockenball sein!
Glockenstab spielen.

Dieser hier ist ein Trommelball.
Trommel spielen.

Und den hier, den habe ich gerade entdeckt, der Klangball hat sich zwischen den anderen versteckt.
Klangstäbe schlagen.

So ein voller schöner Korb zaubert überall einen rhythmischen Ort.
Den Korb mit den Bällen hin und her schütteln.

TIPP: Sie können auch weitere Instrumente in die Geschichte einbauen und so beispielsweise einen Güiro-Ball oder einen Klangschalenball finden!

Hallo, neue Kinder!

Klanggedicht

ALTER:
ab 1,5 Jahren

INSTRUMENTE:
Rassel

In unserer Runde gibt es nu'
neue Kinder, hört gut zu.
Hand ans Ohr legen.

Ziehen am Eingang aus die Schuh,
gehören jetzt bei uns dazu.
Mit der Rassel rasseln.

Wollen erst gucken und auch warten,
nicht direkt mit Spielen starten.
Mit der Rassel langsam rasseln.

Sind mal traurig, lachen auch,
so viele Gefühle sind im Bauch.
Mit der flachen Hand den Bauch berühren.

Wir wollen sie ganz lieb begrüßen
und ihnen gern den Tag versüßen.
Mit der Rassel rasseln und winken.

Gemeinsam spielen, basteln, toben
im ganzen Raum, von unten bis oben.
Mit der Rassel rasseln.

Ihr neuen Kinder seid noch klein,
doch wir werden Freund:innen sein.
Mit den Armen den eigenen Körper umarmen.

Drum lasst uns tolle Sachen machen
und gemeinsam ganz viel lachen.
Mit der Rassel rasseln und lachen.

Der Fuchs liegt auf der Lauer

Klanggedicht

ALTER:

ab 1,5 Jahren

INSTRUMENTE:

Handtrommel

Ein Fuchs liegt auf der Lauer,
hockt direkt an einer Mauer.
Über die Handtrommel streichen.

Riecht er da gar eine Maus?
Er schnüffelt, streckt die Nase aus.
Schnuppergeräusche machen.

Hört ein Geräusch, oh großer Schreck,
schon ist der Fuchs ganz schnell weg.
Mit der Hand auf die Trommel schlagen.

Buntes Herbstlaub

Körperklanggeschichte

ALTER:

ab 2,5 Jahren

Im Herbst färben sich die Bäume in den schönsten Farben. Sie leuchten in einem zarten Gelb,
Klatschen.

in einem leuchtenden Orange
Klopfen.

und in einem dunklen Rot.
Finger auf den Tisch tippen.

Mit der Zeit trägt der Wind die Blätter von den Bäumen.
Pusten.

Direkt vor mir, in einer großen Pfütze, landen viele gelbe Blätter.
Klatschen.

Ich gehe weiter spazieren. Wieder weht der Wind durch die Baumkronen, dieses Mal ist er jedoch etwas lauter.
Stark pusten.

Neben mir, auf einem großen Stein, landet ein orangenes Blatt.
Klopfen.

Ich setze meinen Spaziergang fort und kuschel mich in meine Jacke ein. Der Wind bläst nun so stark, dass man ihn richtig hören kann.
Stärker pusten.

Hinter mir höre ich ein Rascheln. Ich drehe mich um und sehe ganz viele rote Blätter, die in der Herbstsonne zu Boden fallen.
Finger auf den Tisch tippen.

Das war ein schöner Spaziergang! Am liebsten würde ich direkt noch eine Runde drehen.
Mit den Händen auf den Oberschenkeln reiben.

Der kleine Siebenschläfer möchte schlafen gehen

Klanggedicht

ALTER:

ab 2 Jahren

INSTRUMENTE:

Glöckchen, Trommel, Klangstäbe

Der kleine Siebenschläfer ist müde, ach!
Ganz dösig sitzt er auf dem Ast, ist kaum noch wach.
Glöckchen spielen.

Er schüttelt seine Arme und Beine aus,
macht sich auf die Suche nach einem Schlafhaus.
Glöckchen spielen.

Er schnüffelt, er horcht, klettert lautlos umher,
erblickt eine Baumhöhle und freut sich sehr.
Klangstäbe spielen.

„Juhu, ein Plätzchen geschützt und dunkel, so wie ich es mag.
Ich bin aktiv in der Nacht und schlafe am Tag."
Trommel spielen.

Der kleine Siebenschläfer rollt sich gemütlich ein,
es dauert nicht lange und er schlummert ein.
Glöckchen spielen.

Unsere Laternen

Klanggedicht

ALTER:

ab 1,5 Jahren

INSTRUMENTE:

Klangschale, Kinderlaternen

Wir wollen mit unseren Laternen gehen,
das Leuchten ist so hübsch anzusehen.
Klangschale spielen, Laternen einschalten.

Wie schön sie erstrahlen in dunkler Nacht,
jede von ihnen ist eine wahre Pracht.
Klangschale spielen.

Könnt ihr all die Farben seh'n?
Wir wollen mit ihnen spazieren geh'n.
Klangschale spielen.

Nach dem Umzug gehen wir alle nach Haus
und machen unsere Laterne aus.
Klangschale spielen, Laternen ausschalten.

Versammlung der Zugvögel

Klanggedicht

ALTER:

ab 3 Jahren

INSTRUMENTE:

Rahmentrommel, Glockenspiel, Triangel, Metallofon, Schellenkranz, Klanghölzer, Zeitungspapier, Fingerzimbeln

Der Herbst mit den bunten Blättern ist da.
Die Reise 'gen Süden der Zugvögel ist ganz nah.
Rahmentrommel spielen.

Es wird nun Zeit,
die Störche machen sich bereit.
Glockenspiel spielen.

Die Drosseln stoßen auch dazu.
Triangel spielen.
Aber wo bleiben denn die Schwalben, nanu?
Metallofon spielen.

Sie alle wollen hören, wie die Nachtigallen singen
und während des Fluges neben ihnen swingen.
Schellenkranz spielen.

Einige Mauersegler lachen ganz laut,
Klanghölzer spielen.
bis sich ein Kranich vor ihnen aufbaut.
Zeitungspapier aneinanderreiben.

„Ihr Jungspunde, was macht ihr bloß?
Gebt gut Acht, es geht gleich los!"

Zu guter Letzt treffen auch die Enten ein,
voller Vorfreude auf das Winterheim.
Fingerzimbeln spielen.

Sie alle starten nun gemeinsam auf ihre
lange Reise Richtung Sonne in die Luft.
Rahmentrommel spielen.
Für uns heißt es Abschied nehmen, denn
der Winter verströmt bereits seinen Duft.
Winken.

Das Konzert im Ameisenhaufen

Klanggeschichte

ALTER:

ab 2 Jahren

INSTRUMENTE:

Triangel, Rassel, Trommel, Klanghölzer

Es war einmal ein großer Ameisenhaufen, in dem tausende von Ameisen lebten. Jeden Tag arbeiteten sie hart, um ihre Vorratskammer mit Nahrung und Wasser aufzufüllen. Jede Ameise hat ihre Aufgabe und arbeitet sehr fleißig.
Triangel spielen.

Eines Tages beschlossen einige der jüngeren Ameisen, ein kleines Konzert zu veranstalten. Sie versammelten sich um einen kleinen Hügel und begannen, auf winzigen Instrumenten zu spielen. Einige hatten klitzekleine Rasseln, andere hielten kleine Trommeln und wieder andere hatten winzige Klanghölzer.
Die Instrumente leise spielen.

Die älteren Ameisen legten ihre Arbeit für einen Moment nieder und lauschten der Musik. Die jüngeren Ameisen spielten langsam und leise. Es war ein wunderschöner Moment der Ruhe und Einigkeit im Ameisenhaufen.
Die Instrumente leise spielen.

Als die jüngeren Ameisen lauter und schneller zu spielen begannen, fingen auch die älteren Tiere an, sich schneller zu bewegen. Die Musik wurde immer lauter und der ganze Ameisenhaufen begann zu pulsieren und zu schwingen. Alle Ameisen bewegten sich im selben Rhythmus zur Musik durch den ganzen Haufen.
Die Instrumente lauter und schneller spielen.

Als das Konzert vorbei war, gab es tosenden Applaus. Die Ameisen hatten eine wunderbare Zeit und fühlten sich durch die Musik noch enger miteinander verbunden.
Klatschen.

Von diesem Tage an gaben die jüngeren Ameisen regelmäßig ein Konzert um den kleinen Hügel innerhalb des Ameisenhaufens und jeder war eingeladen, mitzumachen und Spaß zu haben. Die Musik brachte alle Ameisen enger zusammen und machte ihre Gemeinschaft noch stärker.
Die Instrumente leise spielen.

Der kleine Igel Bruno

Körperklanggeschichte

ALTER:

ab 3 Jahren

Im Wald lebt der kleine Igel Bruno. Eines Tages wacht er auf, blickt sich bedächtig um und bemerkt, wie sich der Wald um ihn herum verändert hat.
Hand an die Stirn halten, sich umsehen.

Die Blätter an den Bäumen werden bunt und strahlen in den schönsten Gelb-, Orange- und Rottönen. Der Wind weht durch den Wald. Brrr, der Wind ist kalt und Bruno fröstelt an seiner Stupsnase. Bruno imitiert das Geräusch des Windes mit seinen Pfoten.
Mit der Hand über den Boden streichen.

Er streicht mit seiner Pfote schnell über den Waldboden, wenn der Wind schnell ist, und mal ganz zart und langsam, wenn auch der Wind ruhiger weht.
Mit der Hand mal schneller, mal langsamer über den Boden streichen.

Bruno geht ein paar Schritte über das trockene Laub auf dem Waldboden. Die Blätter knirschen unter seinen zarten Pfoten. Er lauscht und imitiert das Geräusch.
Mit den Fäusten auf den Boden klopfen.

Plötzlich nimmt Bruno das Geräusch vom fallenden Regen wahr, noch bevor der erste Tropfen auf seiner Nase landet! Er imitiert das Geräusch der Regentropfen auf dem Waldboden.
Mit den Fingern auf den Boden tippen.

Bruno wiederholt alle Klopfgeräusche: den Wind mit der Pfote,
Mit der Hand über den Boden streichen.

seine Schritte über das trockene Laub,
Mit den Fäusten auf den Boden klopfen.

und das Trippeln der Regentropfen.
Mit den Fingern auf den Boden tippen.

Es sind all die sanften und friedlichen Geräusche, die für ihn den Herbst widerspiegeln.

Ein Apfelbaum im Garten

Klanggedicht

ALTER:

ab 1,5 Jahren

INSTRUMENTE:

Rasseleier

Im grünen Garten steht ein Baum
voller saftiger Äpfel, welch ein Traum!
Mit den Händen einen Baum andeuten.

Die Sonne lacht, der Himmel ist blau,
komm mit, schau nur, schau.
Leise rasseln.

Der Apfel, rot und rund,
knackig frisch, in meinem Mund.
Laut rasseln.

Hör den Klang, er ist so fein,
ich beiß gleich nochmal rein.
Lauter rasseln.

Kau und knabbre, beiß hinein,
ein Apfel kann so lecker sein.
Leiser rasseln.

Gesund und lecker, das ist klar,
ein Apfel ist ganz wunderbar.
Leise rasseln.

Ein fröhliches Fest, das wir hier haben,
mit Äpfeln, die uns alle laben.
Mit den Händen einen Apfel andeuten.

Obstbaumernte

Klanggedicht

ALTER:

ab 2,5 Jahren

INSTRUMENTE:

Glöckchen, Triangel, Rassel, Schellenkranz, Trommel

Birnen wiegen zwischen den Ästen hin und her,
ich pflück sie rasch, das ist nicht schwer.
Glöckchen läuten.

Quitten leuchten hoch oben im Strauch,
ich pflück sie rasch, die munden auch.
Triangel spielen.

Aprikosen versüßen die Luft,
ich pflück sie rasch, welch herrlicher Duft.
Rasseln spielen.

Kirschen habe ich auch entdeckt,
ich pflück sie rasch – einfach perfekt.
Schellenkranz spielen.

Äpfel in saftig Gelb, Rot und Grün,
ich pflück sie rasch, mit Strecken und Mühen.
Trommel spielen.

Meine Ernte trag ich nun nach Haus
und die Geschichte ist jetzt aus.
Alle Instrumente spielen und immer leiser werden.

Bäume im Herbst

Körperklanggedicht

ALTER:

ab 2 Jahren

Der Wind weht durch die Baumkronen.
Der Herbst, der Herbst, der Herbst kommt bald.
Pusten.

Schau nur die Bäume, übersät mit Früchten und roten Blätterspitzen,
überall sieht man sie am Ast aufblitzen.
Klatschen.

Es dauert nicht lange und wir sehen einen farbenfrohen Baum,
sein Anblick ist ein wahrer Traum.
Auf die Oberschenkel patschen.

Winter

Die Maus im Lebkuchenhaus

Körperklanggedicht

ALTER:
ab 2 Jahren

In einem duftend süßen Haus
ist die Weihnachtsmaus zu Haus.
Finger leicht auf den Boden tippen.

Sie knetet Teig und backt ihn aus,
welch Chaos im Lebkuchenhaus!
Finger fester auf den Boden tippen.

Sie beginnt mit dem Verzieren,
vielleicht lässt sie uns auch mal probieren.
Hände auf die Oberschenkel patschen.

Sogleich wird schon der Tisch gedeckt,
geprüft, ob jeder Keks gut schmeckt.
Mit der flachen Hand auf den
Boden patschen und schmatzen.

Mhhh, das mundet und überall in der Luft
liegt ein weihnachtlicher Duft.
Schmatzen, dann schnuppern.

Wir bauen einen Schneemann

Klanggedicht

Wir wollen einen Schneemann bauen,
dafür müssen wir drei Kugeln rollen.
Trommel mit den Fingerspitzen kraulen.

Eine große, eine mittlere und eine kleine,
Dreimal auf die Trommel patschen.
zum Schmücken brauchen wir noch Steine.

Vier Steine kommen auf den Schneemannbauch,
Augen und Mund bekommt er auch.
Sechsmal auf die Trommel patschen.

Eine Möhre, klitzeklein,
setzen wir als Nase ein.
Einmal Klangstäbe schlagen.

Nun siehst du ihn im Garten steh'n
und kannst ihn ein paar Tage sehn.
Glockenkranz spielen.

Der glitzernde Frost

Klanggedicht

Nur im Winter, nach der Nacht,
erstrahlt die Welt in weißer Pracht.
Glockenkranz sanft bewegen.

Überall, an jedem Halm,
glitzert es, egal wie klein.
Glockenkranz stärker bewegen.

Doch kommt die Sonne hoch am Tag,
bleibt kein Glitzer, wo er einst mal lag.
Glockenkranz sanft bewegen.

Schneeflocken fangen

Körperklanggedicht

ALTER:

ab 2 Jahren

Wenn es draußen weiße Flocken schneit,
macht der Mund sich schon bereit.
Den Mund bewegen.

Die Zunge und die Lippen spitzen,
dann können die Flocken darauf sitzen.
Lippen spitzen.

Damit der Spaß sogleich beginnt,
machen wir uns warm geschwind.
Kopf hin- und herbewegen.

Die Flocken fallen, wir sagen „E“,
damit fängt man nichts, oh jemine.
Lange „Eeee“ sagen.

Wir versuchen es mit einem U,
dabei geht der Mund gleich zu.
Lange „Uuuu“ sagen.

Dann bilden wir ein I,
das klappt auch nicht, niemals nie.
Lange „Iiii“ sagen.

Ein O, das könnte vielleicht klappen,
damit gabs einen kleinen Happen.
Lange „Oooo“ sagen.

Das A, das wird uns alle retten
und wir lassen uns die Flocken schmecken.
Lange „Aaaa“ sagen, Bauch reiben.

Die Schneeflocken fallen vom Himmel

Klangrätsel

ALTER:

ab 2 Jahren

INSTRUMENTE:

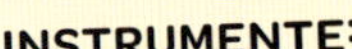

Tischtennisbälle, 1 Wanne, Sand

Viele dicke weiße Schneeflocken fallen hier,
wie viele es sind, erraten wir.

Drum schließt eure Augen zu
und hört mit euren Ohren zu!

(Zahl) Schneeflocken, das ist eine ganze Menge
und die machen wunderbar zarte Klänge.

UND SO GEHT´S: Setzen Sie sich mit den Kindern in einen Kreis. Stellen Sie die Wanne mit etwas Sand vor sich – durch den Sand wird das erneute Hochspringen des Tischtennisballs vermieden – und sprechen Sie den Reim. Die Kinder schließen an der entsprechenden Textstelle die Augen und Sie lassen die gewünschte Anzahl von Schneeflocken nacheinander und mit genug Abstand in die Wanne fallen. Den Zahlenraum können Sie Ihrer Gruppe individuell anpassen und gemeinsam mit den Kindern laut zählen. Benennen Sie die Zahl in der letzten Strophe.

Geräusche in der Weihnachtszeit

Klanggeschichte

ALTER:

ab 2 Jahren

INSTRUMENTE:

Glockenstab, Güiro, Cabasa, Holzstäbe, Zeitungspapier

Zur Weihnachtszeit können wir viele besondere Geräusche wahrnehmen. Wir hören das leise Fallen von Schnee,
Glockenstab leise spielen.

das Knarren der Schuhe, wenn man über Schnee läuft,
Güiro langsam spielen.

die Glöckchen im Wind, die an vielen Gestecken hängen,
Cabasa leise spielen.

das Knacken von frisch gebackenen Keksen
Holzstäbe schlagen.

und das Knistern des wärmenden Feuers im Kamin.
Zeitungspapier zerknüllen.

Die meisten dieser Geräusche gibt es nur in dieser besonderen Zeit. Hast du sie alle schon einmal gehört?

Die kleine Schneeflocke möchte größer sein

Klanggedicht

ALTER:

ab 1,5 Jahren

INSTRUMENTE:

Glockenstab, Glockenkranz

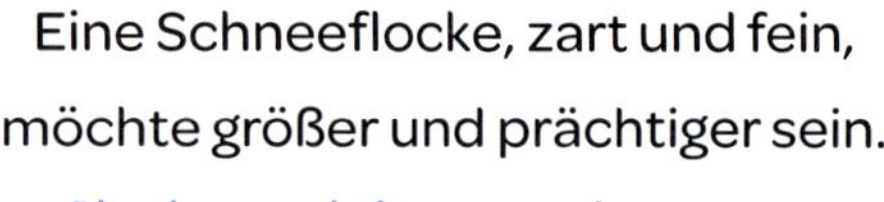

Eine Schneeflocke, zart und fein,
möchte größer und prächtiger sein.
Glockenstab langsam bewegen.

Sie schaut sich von allen Seiten an,
ob man jemals genug glitzern kann.
Glockenstab schnell bewegen.

Ihr weißes schimmerndes Kleid
trägt sie nur zur Weihnachtszeit.
Glockenstab bewegen.

Sie legt sich langsam in den Schnee
und hat eine grandiose Idee.
Glockenstab leise bewegen.

Ein bisschen prächtiger wäre schon fein ...
da schläft die kleine Flocke ein.
Schnarchen.

Die ganze Nacht liegt sie in der Glitzerpracht,
was das wohl mit der zarten Flocke macht?
Die Hände fragend heben.

Sie wacht auf und macht sich lang,
so dass sie sich voll strecken kann.
Glockenstab zart bewegen.

Doch schau nur, hast du es auch gesehen?
So groß und prächtig, Schneeflocke, kannst
du dich drehen?
Glockenstab aufgeregt bewegen.

Die Flocke schaut sich um und lacht:
„Was bin ich für eine Schimmer-Pracht!"
Glockenstab laut bewegen.

Kerzenschein zur Weihnachtszeit

Klanggedicht

In der schönen Weihnachtszeit
leuchten Kerzen weit und breit.
Triangel spielen.

Manche groß und andere rund,
einige rot und andere bunt.
Triangel mehrmals anschlagen.

Sie alle wollen wir leuchten seh'n,
in ihrem Licht spazieren gehen.
Triangel mehrmals anschlagen.

Drum zünden wir vier Kerzen an,
jeder macht mit, wie er kann.
Triangel spielen.

Die erste Kerze.
Triangel einmal anschlagen.

Die zweite Kerze.
Triangel einmal anschlagen.

Die dritte Kerze.
Triangel einmal anschlagen.

Die vierte Kerze.
Triangel einmal anschlagen.

Alle brennen, alle vier,
so gemütlich ist es hier.
Triangel viermal anschlagen.

Der Hamster und der Winterschlaf

Klanggedicht

ALTER:

ab 2 Jahren

INSTRUMENTE:

Rassel

Der kleine Feldhamster mampft und frisst,
bis der Bauch ganz rund geworden ist.
Rassel schnell spielen.

Nun ruht er sich geschwind kurz aus,
Schnarchgeräusche machen.
verlässt danach wieder sein Haus.

Lässt sich auf seinem Weg von niemandem stressen,
ist auf der Suche nach mehr zu fressen.
Rassel langsam spielen.

Der kleine Feldhamster mampft und frisst,
bis der Bauch wieder ganz rund geworden ist.
Rassel schnell spielen.

Er knabbert noch am letzten Blatt
und ist dann wirklich pappesatt.
Rassel langsam spielen.

In seiner Höhle liegt er brav,
schließt die Augen zum langen Schlaf.
Schnarchgeräusche machen.

Felix, der Bär

Klanggeschichte

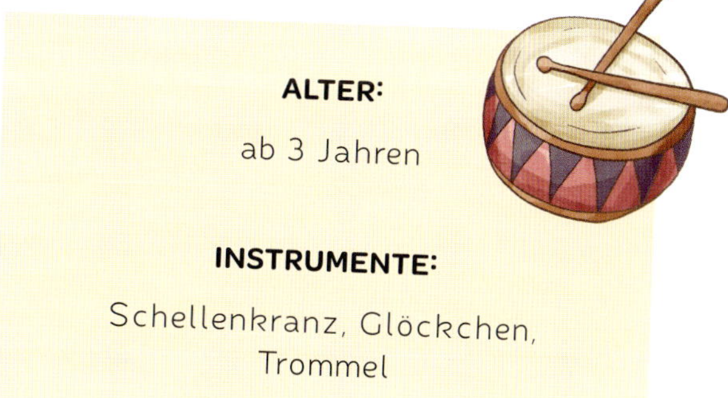

ALTER:

ab 3 Jahren

INSTRUMENTE:

Schellenkranz, Glöckchen, Trommel

Es war einmal ein kleiner Bär namens Felix, der mitten im Winter in seiner Höhle aus dem Winterschlaf erwachte. Er freute sich darauf, außerhalb seiner Höhle den Schnee zu erkunden. Er stampfte gemächlich aus seiner Höhle heraus und erblickte eine glitzernde weiße Landschaft vor sich. So hatte er seinen Wald noch nie gesehen.
Schellenkranz spielen.

Langsam begann Felix, durch den Schnee zu wandern, seine Schritte wurden von leisen Glockenklängen begleitet. Er hörte das Knirschen des Schnees unter seinen schweren Pfoten und das Flüstern des eisigen Windes in den Bäumen.
Glöckchen spielen.

Plötzlich entdeckte Felix seinen Lieblingshügel, auch dieser sah mit Schnee ganz anders aus. Er rannte los, seine Schritte wurden von kräftigen Trommelschlägen begleitet. Er erreichte die Spitze des Hügels und blickte auf die wunderschöne Landschaft hinunter.
Trommel spielen.

Es fing an zu schneien und Felix begann zu tanzen. Seine Bewegungen wurden von Schellenkränzen begleitet. Er verlor sich in der Musik, tanzte mal ausdrucksstark und langsam, dann mal wild und schnell. Er wirbelte glücklich durch den Schnee und hatte großen Spaß.
Schellenkranz mal leise und mal laut spielen.

Als die Nacht hereinbrach und der Mond am Himmel stand, kehrte Felix müde in seine Höhle zurück. Er kuschelte sich auf seinem Schlafplatz und lauschte den leichten und sanften Klängen der Glöckchen, der Trommeln und der Schellenkränze. Die Melodie der Erinnerung wurde immer leiser und wiegte Felix in einen wundervollen Winterschlaf.
Schellenkranz, Glöckchen und Trommel spielen und immer leiser werden.

Der Nikolaus

Klanggedicht

ALTER:

ab 1,5 Jahren

INSTRUMENTE:

Glockenkranz

Der Nikolaus spaziert entspannt
auf dem schmalen Weg am Waldesrand.
Glockenkranz leise spielen.

Er schaut mal hin, er schaut mal her,
der große Sack wird langsam schwer.
Glockenkranz hin- und herschwingen.

Darin bewahrt er seine Fracht,
die verteilt er großzügig in der Nacht.
Glockenkranz spielen.

Schönes, Köstliches und andere Kleinigkeiten
sind darin verstaut,
die verteilt er leise und nicht laut.
Glockenkranz ganz zart spielen.

Am Morgen steigt die Vorfreude und
du kannst es kaum erwarten,
entdeckst deine Stiefel an der Treppenstufe
zum Garten.
Glockenkranz lauter spielen.

Ein Apfel und zarter Mandarinenduft
erfüllen am Morgen die kühle Luft.
Glockenkranz leise spielen.

Das Schneeglöckchen

Klanggedicht

ALTER:

ab 2 Jahren

INSTRUMENTE:

Xylofon, Trommel, Schellenstab

Eis und Schnee am Wegesrand,
wo länger keine Blume stand.

Eisflocken, die mit dem Winde fliegen,
siehst du als weiße Decke auf der Erde liegen.
Xylophon leicht hin und her spielen.

Doch plötzlich ist was Grünes da,
ganz frisch und zart, so wunderbar.
Einmal auf die Trommel schlagen.

Nun wächst es hoch, wird richtig lang,
bis es seine Spitze neigen kann.
Mehrmals auf die Trommel schlagen.

Und plötzlich ist es schon so weit,
die Blüte erstrahlt im weißen Kleid.
Schellenstab rasseln.

Die ersten Schneeglöckchen, so zart und weiß,
verschönern den Wegesrand im Eis.
Trommel und Schellenstab spielen.

Das kleine Reh möchte schlafen gehen

Klanggedicht

ALTER:

ab 2,5 Jahren

INSTRUMENTE:

Glöckchen, Trommel, Klangstäbe

Das kleine Reh ist müde, ach!
Ganz matt sitzt es im Schnee, ist kaum noch wach.
Glöckchen langsam spielen.

Es schüttelt seine langen Beine aus,
Glöckchen spielen.
macht einen Satz,
Trommel spielen.
sucht nun nach einem Schlafplatz.

Es schnuppert, es lauscht, geht lautlos umher.
Erblickt eine Kuhle und freut sich sehr.
Klangstäbe spielen.

Juhu, ein Plätzchen gepolstert mit Moos und vielen Blättern,
die halten den kalten Wind ab und schützen vor dem Wetter.
Trommel spielen.

Das kleine Reh kuschelt sich in die Blätterkuhle hinein,
es dauert nicht lange und es schläft ein.
Glöckchen spielen.

Die kleinen Polarhasen

Klanggeschichte

ALTER:

ab 1,5 Jahren

INSTRUMENTE:

Glöckchen, Trommeln, Klangstäbe

Es ist ein kalter, schneereicher Tag im Land der Polarhasen. Die kleinen Hasen wissen ganz genau, was sie an so einem bitterkalten Tag machen mussten: sich mit Bewegung warmhalten und spielen.
Mit den Händen die Arme reiben.

Sie treffen sich auf einer wunderschönen Schneewehe und singen ein Lied, um sich aufzuwärmen. Dabei begleiten sie leise Glockenklänge und sanfte Klangholzklänge.
Glöckchen und Klangstäbe leise spielen.

Die Hasen beginnen, sich langsam zur Musik zu bewegen. Mit der Zeit wird die Musik immer lauter und schneller, also werden auch die Tanzbewegungen der Hasen immer ausdrucksstärker und schneller.
Glöckchen und Klangstäbe lauter und schneller spielen.

Plötzlich ertönt ein lauter Knall und alle Hasen rennen in ihren Bau zurück.
Einmal laut die Trommel schlagen.

Silvesterfeuerwerk

Klanggedicht

ALTER:

ab 2,5 Jahren

INSTRUMENTE:

Trommel, Triangel

Schaut mal, da leuchtet das Feuerwerk so schön!
Wie herrlich ist es anzuseh'n.
Trommel und Triangel spielen.

Erst ist es ganz leise, plötzlich ganz laut.
Unser Blick geht nach oben, schaut nur, schaut!
Trommel spielen.

Seht ihr die Funken, wie sie fliegen
und oben am Himmel springen.
Manche leuchten gerade und manche in Ringen.
Triangel spielen.

Der Himmel leuchtet in allen Farben, Stück für Stück,
und bringt uns fürs neue Jahr viel Glück.
Trommel und Triangel spielen.

Bäume im Winter

Körperklanggedicht

ALTER:
ab 2 Jahren

Der Wind weht durch die Baumkronen.
Der Winter, der Winter, der Winter kommt bald.
Pusten.

Schau nur die Bäume, tragen kaum noch ein Blatt,
die verbleibenden Blätter sind braun und matt.
Klatschen.

Es dauert nicht lange und wir sehen einen vom Schnee glitzernden Baum,
sein Anblick ist ein wahrer Traum.
Auf die Oberschenkel patschen.

In dieser Reihe sind bereits erschienen:

Fingerspiele für den Krippen-Morgenkreis
Mit Händen und Füßen den Tag begrüßen
ISBN: 978-3-96046-233-0

Jahreszeiten erleben im Krippen-Morgenkreis
Spielideen für das ganze Krippen-Jahr
ISBN: 978-3-96046-244-6

Sinnesspiele für den Krippen-Morgenkreis
Wahrnehmungsförderung für das ganze Krippen-Jahr
ISBN: 978-3-69046-258-3